Como Ganar Dinero Después De Los 50

Como Ganar Dinero Después De Los 50

Por Abel Muñoz Marquecho

Dedicatoria

Quiero dedicar este pequeño libro primeramente a Dios quien ha sido mi fortaleza en las buenas y en las malas. A mi esposa y a mis tres hijas que siempre me apoyan en mis proyectos. Y a todas las personas de edad mayor quienes han sido la inspiración de este tema. Personas que pudieran pensar que después de los cincuenta años de edad ya no hay mucho por hacer. Que tal vez creen que el tiempo se vino encima y no lograron sus metas. Esta es mi experiencia propia. Y sin embargo yo mismo he recurrido a varias de estas ideas y me mantengo optimista y trabajando en ellas.

"Comienza donde estas,
usa lo que tienes. Haz lo que
puedas" -Arthur Ashe.

Tabla de contenido

Prefacio

En este libro vamos a ver qué podemos hacer para ganar dinero después de los cincuenta y tener una vida mas relajada. También veremos a personas mayores que lograron triunfar después de los 50.

Si a lo largo de tu vida te ha apasionado realizar ciertas actividades en tus ratos libres como por ejemplo practicar un hobby o has adquirido cierta habilidad y experiencia en diferentes temas. Podrías sacar partido de tus conocimientos y convertir toda esa sabiduría en una rentable fuente de ingresos.

Puedes empezar analizando en que temas eres experto o experta, o incluso si no eres experto o experta en un tema, pero te gustaría aprender algo para usarlo como una fuente de ingresos, también está bien. Lo importante aquí es que queremos ganar dinero sin tanto estrés y haciendo algo que nos apasiona o que siempre hayamos querido hacer.

Personas Que Triunfaron A una edad Mayor

Cuando las personas llegan a los 50 años, algunas llegan a experimentar un tipo de malestar psicológico a la cual se le conoce como la crisis de los cincuenta. Esta crisis la puede pasar cualquier persona, pero se dice que es mas frecuente en los hombres. Algunos síntomas de esta crisis, podrían ser, perdida de autoestima, irritabilidad mas frecuente, depresión y algunos cambios en las emociones.

A esta edad nos empezamos a dar cuenta que nos quedan menos años y que necesitamos acelerar el paso para terminar algunas metas no logradas y recuperar oportunidades perdidas. Y así ponemos en la balanza lo hecho y lo que queda por hacer.

A decir verdad, muchas personas a esta edad, están cambiándose a algo que es mucho menos estresante y con mas flexibilidad. Para muchos cambiar de trabajo es por cuestiones de salud o simplemente por perdida de empleo, aunque también existe la desmotivación laboral. Experimentar la pérdida del trabajo, desmotivación o querer intentar algo nuevo, es una excelente oportunidad para perfeccionar tus talentos y determinar cuales son tus habilidades y que es lo que te apasiona hacer. Considera tres o cuatro de tus mejores habilidades.

En este libro vamos a ver que podemos hacer para ganar dinero después de los cincuenta y tener una vida mas relajada. También veremos a personas mayores que lograron triunfar después de los 50.

Si a lo largo de tu vida te ha apasionado realizar ciertas actividades en tus ratos libres como por ejemplo practicar un hobby o has adquirido cierta habilidad y experiencia en diferentes temas. Podrías sacar partido de tus conocimientos y convertir toda esa sabiduría en una rentable fuente de ingresos.

Puedes empezar analizando en que temas eres experto o experta, o incluso si no eres experto o experta en un tema, pero te gustaría aprender algo para usarlo como una fuente de ingresos, también está bien. Lo importante aquí es que queremos ganar dinero sin tanto estrés y haciendo algo que nos apasiona o que siempre hayamos querido hacer.
Podemos empezar haciéndolo como una actividad secundaria si es que todavía tenemos empleo, pues de esta manera nos daremos cuenta si lo que estamos emprendiendo funciona. No te endeudes para financiar una actividad secundaria,

primero pon a prueba tu idea y si no funciona busca otra cosa, has una lista de tus opciones. Conserva tu empleo hasta que dicha actividad se llegue a convertir en un negocio viable.

Personajes que triunfaron después de los 50

John Pemberton inventó la Coca-Cola a los 57 años

John era médico, químico y farmacéutico y es quien invento el refresco mas vendido hoy en día. La bebida fue inventada en Estados Unidos a finales del siglo XIX.

El sabor único que caracteriza a Coca-Cola se consiguió en 1886 en el laboratorio de Pemberton, donde el químico mezcló **ingredientes naturales** como la hoja de la planta de coca, la nuez de cola y el agua de soda. A ese sirope se le añadirían **hielos y agua carbonatada** y se empezó a comercializar al precio de cinco centavos.

Toyo Shibata escribió su primer libro de poemas a los 99 años

Toyo fue una poetisa japonesa, su primera compilación **"no te desanimes"** publicada en el 2009 ha vendido 1,58 millones de copias.

Jeffrey Nash, Invento el caminador para bebés

Jeffrey fue inspirado a inventar el juppy baby walker a la edad de 56 años. Él vio a una señora joven enseñando a su bebe a caminar, pero en particular el vio a la mujer encorvada y parecía ser muy incómodo, además vio que la mujer jalaba las manos del bebe hacia arriba, y pensó que eso podría ocasionar una lección al bebe.

La clave del éxito: "Una vez que tengo una idea, me quedo con ella sin importar las dificultades u obstáculos", afirma el exmarino, quien dice que ahora es millonario. Y como es una persona mayor, agrega Nash, tiene una ventaja que muchos jóvenes no tienen: la paciencia.

Ray Kroc

Richard y Maurice McDonald fueron los hermanos creadores del restaurante de venta de comidas rápidas. No obstante, no fue sino hasta que llegó Ray Kroc, un desconocido vendedor de batidoras y que le compró la empresa a los McDonald, la misma que se elevó al éxito. Luego de pasar por infinidad de oficios, a sus 53 años tomó el control de esta compañía que es hoy una de las más grandes del mundo. Kroc vio el potencial y se asoció con los hermanos McDonald's y empezó a vender franquicias alrededor del país y del mundo.

Con ello llegó el éxito total para un restaurante que hoy es conocido a nivel internacional.

Harland Sanders, fundador de KFC

La historia de Harland Sanders es sin duda un claro ejemplo de perseverancia. El coronel **Sanders** tenía una receta de pollo en la cual creía fervientemente, así de que a la edad de 40 años decidió iniciar un pequeño restaurante. Sin embargo, unos años más tarde su negocio quebró debido a que la construcción de una supercarretera desvió el tráfico lejos de la ciudad, llevándose todos los clientes que esporádicamente paraban en su restaurante. Después de pagar sus deudas, sus ingresos quedaron reducidos a una pensión de $105 dólares mensuales.

A pesar de este amargo suceso, el coronel **Sanders** decidió seguir adelante con su sueño y a la edad de 65 años emprendió una nueva aventura. Confiado en la calidad de su receta de pollo y armado de una gran determinación, viajó por todo el país en coche dando a conocer su producto de restaurante en restaurante tratando de cerrar un trato en el que recibiría un centavo por cada pollo vendido.

Luego de recibir respuestas negativas en más de 2 mil restaurantes, **Harland Sanders** tomó la decisión de no rendirse y fue así que inició **Kentucky Fried Chicken (KFC)**. A la edad de 74 años, **KFC** ya tenía 600 establecimientos con su producto en los Estados Unidos y Canadá.

Hoy **KFC** tiene presencia en más de cien países y es la cadena de restaurantes de venta de pollo frito más grande del mundo.

Martha Stewart

Martha Helen Kostyra, mejor conocida como, **Martha Stewart** es sinónimo de estilo de vida y de cocina. La empresaria, autora y presentadora de televisión cuya fortuna se estima en 5.000 millones de dólares, no siempre fue una magnate.

Creció en una familia de clase media y tuvo varias ocupaciones hasta que montó un servicio de catering con una amiga en el sótano de su casa. El negocio dio muy buenos resultados la llevo a una carrera llena de éxitos empresariales.

La aclamada como 'ama de casa de Estados Unidos'' se hizo famosa cuando **comenzó a escribir libros de cocina a los 40 años**. Hoy en día tiene varios programas de televisión y su propia línea de artículos para el hogar.

Estos fueron solo algunos ejemplos de personas que triunfaron a una edad mayor.

Pues bien, ahora veamos algunas ideas de negocios perfectos para mayores de 50 años. Iré poniendo ejemplos empezando por los más sencillos.

Cuidado de mascotas

Los propietarios de mascotas saben lo importante que es para ellos que alguien se las cuide, cuando ellos no pueden hacerlo, ya sea por falta de tiempo debido al trabajo o porque se van de vacaciones.

Los servicios que usted les puede ofrecer podrían ser.

- Comprarles los alimentos necesarios
- Limpieza de los habitáculos donde residen las mascotas,
- Preparar la comida, ponerles agua y prepararles un lecho cómodo.
- Prestar el servicio de guardería.
- Llevar al veterinario.
- Desparasitar.
- Sacarles a pasear.
- Llevarlos a cortar el pelo.

Venta de cosméticos por catalogo

La venta de cosméticos por catálogo es uno de los negocios a domicilio preferido por las personas. Aquí tienes que contactar con las marcas de cosméticos. Algunas de estas marcas son Avon, Natura y Mary Kay, estas ofrecen porcentajes de comisiones que oscilan entre el 25% y el 50% sobre las ventas.

Una vez que realices la solicitud para ser consultor, deberás adquirir un kit de inicio y realizar tu primer pedido para empezar a vender es un negocio sencillo y rápido con el que puedes ganar buen dinero si logras ventas altas. Puedes comenzar con amigos y familiares, y así poco a poco se va a ir extendiendo por medio de ellos a otros amigos de tus amigos y a los amigos de tus familiares.

¿Dónde puedo vender maquillaje online?

Puedes vender maquillaje online en tu propia tienda creada con una plataforma como Shopify, en mercados externos como eBay y Amazon, en mercados nicho como Poshmark y Mercari, y en sitios de redes sociales como Instagram y Facebook. También puedes vender maquillaje al por mayor a otros negocios online.

Vinoteca en línea y con servicio a domicilio

Crea una tienda virtual de vinos nacionales e importados y establece una red de entregas a domicilio. Adicionalmente, ofrece a tus clientes información sobre vinos, su origen, tipos, procesos, maridaje y cursos de cata, todo a un clic de distancia. Busca alianzas estratégicas y conviértete en proveedor de restaurantes y fiestas privadas. Sólo necesitas una bodega adecuada para almacenar tus productos y un medio para transportarlos.

Aquí les dejo una nota que leí en un artículo de Univisión con fecha de actualización 2018.

Vender vino por Internet en Estados Unidos

Cada vez se opta más la influencia de la tecnología en nuestras vidas cotidianas. No solamente trabajamos con computadores y vivimos hablando por nuestros móviles, sino que también comienza a involucrarse en tareas cotidianas como ir al supermercado a hacer las compras o comprar regalos por **internet.**

El caso es que esto se sigue expandiendo a otros ámbitos y ahora ha llegado a uno que no pensé que llegaría. Se trata de **vender vinos a través de**

internet. Todo lo que se compra por internet, se debe tener confianza en que se le está entregando un buen producto.

La empresa encarga es **Amazon, que es la mayor tienda de Internet del mundo,** que se encargará de distribuir el **vino por 26 Estados de Estados Unidos**.

Pasos para vender vino en Amazon

La pregunta "**cómo vender vino en Amazon**" tiene su respuesta en **una guía detallada** por la propia empresa. En ella, el cliente podrá conocer los primeros pasos a seguir para **vender vino en Amazon:**

1. **Escoger un plan de ventas.** Existen dos tipos de planes: el plan individual y el plan profesional. Para ambos planes, Amazon cobra una tarifa por referencia por cada venta.

2. **Considerar la estrategia de ventas.** Los distribuidores encuentran productos populares que ya existen y los ofrecen en las tiendas de Amazon. Por su parte, los propietarios de marcas fabrican sus propios productos para ofrecer a los compradores una selección única.

Finalmente, existen muchos colaboradores comerciales hacen ambas cosas. Por ello, el usuario tiene la opción de elegir el método que mejor funcione para lograr sus objetivos.

3. **Conocer a los clientes.** Vender vino en Amazon permite al vendedor dirigirse a los clientes empresariales (B2B) y a los consumidores individuales (B2C).

4. **Crear una cuenta de vendedor de Amazon**. Amazon ofrece a los usuarios la posibilidad de utilizar su cuenta de cliente o, por el contrario, crear una cuenta de vendedor de Amazon nueva.

5. **Ir a móvil.** Es muy importante utilizar la aplicación Amazon Seller para realizar un seguimiento de las ventas, gestionar pedidos o buscar productos para vender. Pero también es importante responder a las preguntas de los clientes y capturar y editar fotos de productos de calidad profesional a través del móvil.

Venta de productos de decoración

Velas, portarretratos, espejos, muebles y hasta imágenes religiosas pueden integrar tu oferta, sin olvidarte de los artículos de temporada "Navidad, Pascua, otoño". Acércate a tus amigos, vecinos y familiares para promocionar tus productos para uso propio o como regalo. Súmate a una empresa de ventas por catálogo para tener acceso a los beneficios de su red.

Sin papel picado no hay tradición

Si hay algo que nunca puede faltar en la decoración del hogar en fechas especiales, son los **banderines y guirnaldas** decorativas, más conocidos en México como **papel picado**. Desde las coloridas y elaboradas decoraciones del **Día de Muertos** hasta las alegres guirnaldas utilizadas en festivales como el **Día de la Independencia,** estos elementos reflejan la rica herencia cultural del país y muestran un panorama ideal para vender en Mercado Libre por su **alto crecimiento en ventas.**

El rubro del hogar y la decoración resalta por su variedad de tendencias y oportunidades en los Marketplace, lugar donde los vendedores encuentran un espacio ideal para ofrecer sus productos a una audiencia global. Los compradores online buscan más que simplemente productos; desean experiencias y ambientes que reflejen su estilo y personalidad.

La decoración del hogar es mucho más que simplemente agregar objetos bonitos a un espacio. Es **el arte de crear una atmósfera que refleje la personalidad, el estilo de vida y las aspiraciones** de quienes habitan ese espacio. La decoración del hogar se trata de combinar elementos visuales y funcionales para crear una sensación de armonía y confort.

Aquí les dejo otra lista de posibles artículos para vender: ***Cajas organizadoras, cortinas para todos los gustos, columnas decorativas, paneles decorativos, barriles decorativos, biombos decorativos, fanales, pintura de diamantes.***

Cuidado de adultos mayores a domicilio

El cuidado de adultos mayores es una idea de negocio que cada vez tiene más clientes, cada día hay más ancianos que jóvenes.

Está primera idea de negocio es la más fácil de realizar. Consiste en ir a la casa del adulto mayor y cuidarlo.

Conocimientos técnicos que necesitas: ***Enfermería y primeros auxilios.***

La actitud que se espera: Mucho amor, paciencia, disposición al diálogo y ayuda al prójimo.

Ventajas de cuidar adultos mayores a domicilio:

- Rapidez en ejecución, muestras tus certificados y tu disposición y rápidamente puedes ser contratado por una familia.
- Puedes ofrecerte por medio tiempo y te queda medio día para capacitarte o ir montando otro emprendimiento.

Desventajas:

- En muchos países solo pagan un poco más del salario mínimo. Si quieres ganar buen dinero debes enfócate en las familias más adineradas de tu ciudad. En Estados Unidos este servicio está mejor pagado.
- Como en la mayoría de servicios, Si quieres ganar más dinero, tendrás que trabajar más horas.

Si sabes tocar un instrumento musical da clases

Muchas personas están dispuestas a pagar para que alguien les de clases de guitarra, piano, acordeón...etc. ya sea a ellos o a sus hijos.

Da clases a domicilio o en tu casa. Puedes cobrar por clase una o dos clases por semana es mas que suficiente. Así le das tiempo al estudiante de digerir lo que aprende en cada clase. Prepara tu clase con tiempo y ten copias listas para cada estudiante. De esta manera ellos podrán poner en práctica en sus casas lo que tú le enseñes.

Si vas a dar clases de guitarra, por ejemplo, comienza enseñando 2 o 3 acordes que no sean muy difíciles, un ejercicio de digitación para los dedos, un rasgueo, y busca una canción que contenga esos acordes. Busca en internet ejercicios de digitación, y saca una copia o dibuja tu mismo las tabs o mejor aun compra un cuaderno especial para escribir tablaturas de guitarra, estas ya vienen con el pentagrama y las tablaturas del diapasón de la guitarra.

Cursos de manualidades

Si tienes talento artístico, aprovéchalo y enseña a otras personas ya sea pintura de cerámica, tejido, bordado, modelado, figuras de fondant, chocolate, pasta francesa, etc. Cobra por sesión o consigue proveedores que te den el material a concesión para que los clientes lo compren a cambio de una clase gratis. Invita a amas de casa y también organiza cursos de verano para niños y jóvenes.

Control de plagas

Eliminar poblaciones de roedores e insectos en casas o empresas es una oportunidad rentable, pues implica una mejora en la salud de las personas. Cuida que los pesticidas sean biodegradables e inofensivos para el humano o las mascotas. Necesitarás técnicos, equipo y un automóvil o camioneta para trasladarte al lugar del servicio.

Remedios caseros contra las cucarachas y otras plagas

Para ahuyentar ratas, palomas e insectos, hay algunos trucos caseros que podemos seguir antes de pensar en fumigaciones:

– Vinagre de manzana mezclado con agua. Lo combinamos a partes iguales y lo echamos en un frasco con spray. De esta forma, podremos rociarlo por la casa y mantener a los insectos alejados para **evitar una plaga de mosquitos**.

– Laurel como uno de los **remedios contra cucarachas** para evitar fumigaciones. Estos desagradables insectos no soportan el olor de las hojas de laurel, por lo que si colocamos algunas en las zonas donde solemos verlas, conseguiremos que se vayan.

– Cómo **espantar palomas** es una gran preocupación que tenemos en las ciudades.

Realmente es muy sencillo mantenerlas alejadas. Utilizando superficies reflectantes, como CD's, saldrán huyendo enseguida. Esto funcionará también para otras aves.

— Esparcir bicarbonato puede ser una buena forma de **ahuyentar las plagas de hormigas**.

— El ácido bórico, el borato de sodio y el pentaclorofenol extendido en la madera repele las **termitas**, aunque no hace que se vayan si la madera ya está infectada. Lo que ocurre es que estos productos se quedan en la capa superficial, pero no impregnan el interior de la madera, donde pueden continuar escondiéndose las termitas.

Vende comida desde tu casa

Empezar un negocio de vender comida desde casa puede ser una buena fuente de ingresos o incluso un negocio a tiempo completo.

Lo primero que debemos hacer es ver que tipo de comida se quiere vender así sabremos que tipo de licencias y permisos necesitaremos. Si quiere vender alimentos preparados como sándwiches, tacos o ensaladas, necesitara un permiso diferente al que se da para vender productos de panadería.

Algunas comidas podrían ser:

Tamales, enchiladas, burritos, tacos, lasaña, pollo, espaguetis, hamburguesas, hot dogs, popusas, tortas, etc.

Personal Shopper (comprador personal)

Un personal shopper es alguien que se dedica a comprar cosas para otra gente, por lo regular personas que no tienen tiempo o no tienen la habilidad para salir ellos mismos. Un personal shopper también puede trabajar en una tienda minorista, para ayudar a clientes individuales a encontrar artículos que les asienten bien. Si no sabes mucho del tema, puedes tomar algunos cursos para adquirir los conocimientos necesarios para ese tipo de trabajo.

Pasos a seguir: elije en que tipo de compras te quieres especializar.

• Personal shoppers para personas mayores usualmente incluye comprar comestibles y artículos de primera necesidad.

• Otros personal shoppers pueden seleccionar estilos y ropa para personas que no tienen tiempo de salir de compras.

• Si quieres dedicarte a comprar artículos de moda, trata de enfocarte en ciertos aspectos, tales como zapatos o tops. De esta manera no te abrumaras al seleccionar un guardarropa completo.

• Aprende a gestionar un presupuesto pues necesitaras trabajar con el presupuesto de tus clientes para sacar el mejor provecho a su dinero.

• Ofrece horas flexibles de trabajo, siempre esté disponible para sus clientes, así ellos podrán confiar en usted para hacer el trabajo.

Comercio electrónico

Los negocios online. Hay muchas oportunidades para iniciar un negocio en línea desde la venta de productos hasta la venta de conocimientos y servicios. Gracias al internet hoy podemos vender artículos en línea como, ropa, zapatos, arte, etc.

Puedes ofrecer tus propios servicios, como consultoría o enseñanza. Con tus habilidades y conocimientos pronto podrías convertirte en propietario de un negocio online.

Si tiene mucho que decir sobre un tema y le gusta escribir o tener una buena conversación, entonces podría compartir fácilmente sus conocimientos sobre cualquier número de temas a través de un blog o podcast. Estos medios son fáciles de monetizar y pueden generar ingresos divertidos y estables durante la jubilación que no lo vinculan a una ubicación determinada.

¿Como crear un blog paso a paso?

1- Elige una plataforma para tu blog.
2- Elige una plataforma de hosting.
3- Encuentra el nicho adecuado.
4- Selecciona un nombre de blog y un dominio.
5- Configura y diseña tu blog.
6- Haz una lluvia de ideas de contenido para tu blog.
7- Crea un calendario editorial.
8- Escribe tu primera publicación de tu blog.
9- Mide y mejora el rendimiento de tu blog.
10- Promociona tu blog.
11- Gana dinero blogueando.

Si tienes experiencia en negocios con habilidades administrativas, en marketing o contabilidad, entonces podrías crear un negocio para ayudar a las nuevas empresas a maximizar su potencial. Y puedes realizar estas actividades de forma remota, lo que significa que podrías pasar tu jubilación viajando por el mundo mientras generas ingresos extra.

Belleza a domicilio o por Internet

Si te gusta la estética, una posibilidad para comenzar tu propia empresa es ofrecer servicios a domicilio de manicure, peinado o maquillaje.

Si sientes que eres buena en eso, puedes ampliar tus conocimientos con YouTube, donde miles de mujeres enseñan infinidad de peinados, trucos de make up y nail art.

Puede ser para toda ocasión o especializarte en graduaciones, bodas y fiestas: depende de tu gusto o de lo que veas que la gente solicita más.

Cursos en línea

La creación de cursos en línea es una gran idea si buscas enseñar a un gran número de personas en lugar de a estudiantes individuales.

Sólo tienes que crear tu curso una sola vez y luego publicarlo en una plataforma como Udemy o Skillshare.

Cuando las personas se suscriban al curso y paguen las cuotas de membresía, ganarás una comisión. Los cursos digitales proporcionan un ingreso pasivo.

Creación de video

Si te gusta entretener a la gente, subir videos en YouTube, TikTok, o Twitch es una buena manera de hacer dinero extra por internet.

Tras producir el contenido, puedes ganar dinero a través de ingresos publicitarios y patrocinios.

Si deseas tener una página de TikTok o un canal de YouTube profesional, debes invertir en equipos de videografía y establecer un presupuesto de marketing.

Puedes tomar un curso en Udemy. Estos cursos normalmente están en oferta a precios muy accesibles. Yo personalmente he tomado cursos en esta plataforma y por lo regula he pagado entre $11.00 y $20.00 dólares por cada curso.

YouTube es uno de los motores de búsqueda más grandes y usados en todo el mundo. Cada vez más, los usuarios buscan directamente vídeos informativos, educativos o entretenidos en dicha plataforma. Si quieres ganar dinero, debes definir la temática de tu canal y buscar un nicho específico que controles.

Estos son algunos tips para que inicies en YouTube y empieces a tener seguidores y vistas primeramente y después puedas monetizar tu canal.

- **Utiliza una buena cámara** para grabar los vídeos.
- Experimenta diversas técnicas y formatos hasta que consigas buenos resultados.
- **Crea un calendario de tus publicaciones**, así los seguidores sabrán cuándo estará disponible el contenido.
- **Optimiza las descripciones, imágenes, y títulos de los vídeos** para que las personas se interesen y hagan clic en ellos.

Escribe un libro

Si tienes habilidad con las palabras, puedes autoeditar un libro y ganar regalías por cada venta. Esta puede ser una excelente manera de ganar un ingreso pasivo si te apasiona escribir.

Puedes vender este libro en formato digital y físico en lugares como Amazon. Amazon también tiene la opción de distribuir tus e-books y libros de tapa blanda o de tapa dura, a otras plataformas. Considera la opción de los audiolibros igualmente. Una vez mas te recomiendo que tomes un curso en Udemy.

Diseñador gráfico

Estudia diseño gráfico por tu cuenta. Escribe "plan de estudios de curso de diseño gráfico" en tu buscador en Internet. Descarga 2 a 3 planes de estudios de profesores universitarios o de institutos. Revisa los objetivos de aprendizaje del alumno y los libros de texto utilizados para alcanzarlos. Elige y compra los libros de texto que te gustarían usar. Separa una hora cada día para leer y tomar notas.

- Para aprender las habilidades de computación necesarias para convertirte en un diseñador gráfico, mira tutoriales en línea en YouTube,

Hack Design, Tuts+ Design and Illustration Guides y otras páginas web.

- Aunque este enfoque para convertirte en un diseñador gráfico es económico, tener un título o diploma podría darte una ventaja al postular a un trabajo.

Inicia tu negocio fotográfico

Dirigir tu propio negocio de fotografía puede parecer el trabajo ideal si amas tomar fotos de personas y eventos. Mientras tengas sentido creativo y empresarial, iniciar un negocio de fotografía es muy factible. Esto es lo que tienes que saber acerca de cómo comenzar.

Para convertirte en un fotógrafo profesional, necesitas saber mucho más de fotografía que una persona promedio con una cámara. Aprende acerca de los aspectos técnicos de la fotografía, incluyendo temas como la velocidad del obturador y la iluminación.

La mayoría de fotógrafos tiene algún tipo de especialidad. Por ejemplo, puedes especializarte en fotografía de familias, quinceañeras, bodas, bautizos incluso graduaciones. Cada especialidad tendrá sus propias peculiaridades y complejidades, así que debes escoger una especialidad y aprender más de ella en detalle.

Técnicamente, puedes iniciar un negocio de fotografía siendo completamente autodidacta, pero los cursos y talleres correctos de fotografía pueden mejorar la calidad de tus fotos y darte una ventaja sobre otros negocios de fotografía en etapas tempranas. Busca recursos en YouTube, Google o toma un curso online.

Puede parecer como un requisito obvio decirte que hagas lo posible por dominar el oficio, pero es importante mencionarlo de todos modos. Tu habilidad con una cámara necesita ser mucho mejor que la de una persona promedio. Esto requiere muchas horas de práctica antes de iniciar tu negocio.

Gana dinero escribiendo

Si tienes habilidad para escribir o si ya eres un gran redactor y quieres comenzar una nueva profesión, podrías ganar dinero escribiendo.

Freelancer, es una opción que mucha gente hoy utiliza para vender servicios a otras personas y ganar cada vez que se completa la tarea. Hay una variedad grande de actividades que ofrecer y van desde las más sencillas hasta aquellas que requieren a especialistas en el área o expertos en el manejo de un sistema o un ERP como Oracle o SAP. Por ejemplo, puedes ofrecer servicios de traducción, transcripción, redactor de contenido, captura de datos, asistente virtual y muchas actividades más. Algunos de estos sitios

son ***Fiverr***, ***Workana, Upwork, Freelancer, Star of Service.*** etc.

Redactor de blog

Hay muchas maneras de montar una estrategia de marketing de contenido, y crear un blog con textos interesantes para los clientes esta es una de las formas más comunes de empezar a implementar este tipo de promoción en un negocio. Es por eso que, cada vez más, los ***redactores de blogs*** son más buscados.

Ya sea que lo hagas de una forma independiente o contratado por una compañía podrías generar una fuente de ingresos escribiendo un blog para otras personas.

También escribiendo tu propio blog puedes ganar al permitir la visualización de anuncios en tu blog o incluso recomendar productos relacionados con el tema que abordas y recibir comisiones por ventas que tengan como origen tu contenido.

Busca un tema del que te gustaría hablar o del cual tengas mucho que aportar y conviértelo en un nicho, si no llegara a funcionar siempre puedes cambiar de tema y empaparte de conocimientos. piensa en el caso de una Blogger que comparte consejos de economía y tutoriales destinados a reparaciones domésticas. Si varios usuarios empiezan a confiar en un determinado Blogger, el mismo pasa a ser considerado una autoridad en su nicho, con lo cual lo que dice es profundamente respetado y debidamente reconocido, por eso lo consultan los que tienen interés en el tema, incluso financieramente.

Venta minorista online

Un buen negocio para mayores de 50 años puede ser *montar un negocio minorista online* (Amazon, eBay,

Wix eCommerce, Shopify etc.) Dedicado a la venta de productos para mayores.

Comprar para los mayores de 50 años puede resultar difícil, ya que muchos comercios no ofrecen productos adaptados a sus necesidades.

Por eso es tan importante un *negocio online dedicado a la venta de productos para mayores de 50 años.*

Desde ropa de moda y acogedora ropa de salón, hasta artículos de belleza y cuidado del hogar, este negocio ofrece un valor inmejorable para quienes desean mantenerse elegantes y cómodos.

El vendedor minorista debe poner énfasis en los valores familiares, y esforzarse en garantizar que las personas mayores encuentren algo que les encante.

Así que, si ofreces productos online de primera calidad a precios increíbles, no dudes que los mayores de 50 puede ser un nicho ideal para ti.

Negocio de traducción

Una buena opción para ganar dinero y poner en marcha tu propio negocio es abrir una agencia de traducción. En un mundo globalizado donde los idiomas se mueven de un lugar a otro de forma más rápida y sencilla, es necesario trasladar todo lo desconocido a otro lugar.

Por ejemplo, en Internet, hay muchas empresas que necesitan diferentes tipos de servicios de traducción y hacen uso de los distintos sitios web de FreeLancer. Además, existen eventos que requieren la cobertura de traductores, como congresos, ferias, seminarios, etc.

Lo que hace una agencia como esta es obtener información, texto y otros contenidos en diferentes formatos para hacer la traducción al idioma deseado. Esto puede ser a petición de empresas, organizaciones, educadores, particulares, etc.

Conviértete en consultor

Otra forma en que puedes utilizar tu sabiduría bien ganada es convirtiéndote en consultor en su área. Los emprendedores jóvenes, que pueden no tener el conocimiento y la experiencia necesarios para construir un negocio desde cero, buscarán consultores que los guíen.

Iniciar un negocio de marketing, contabilidad o administración

Si tienes experiencia en negocios con habilidades administrativas, en marketing o contabilidad, entonces podrías crear un negocio para ayudar a las nuevas empresas a maximizar su potencial. Y puedes realizar estas actividades de forma remota, lo que significa que podrías pasar tu jubilación viajando por el mundo mientras generas ingresos extra.

Marketing De Afiliados

En este servicio se otorgan **comisiones** a una persona que se le conoce como *Afiliado* cada vez que este logra vender un producto de un tercero a través de la promoción que haga del producto o servicio. Este sistema tiene muchas ventajas y una de ellas es que puedes comenzar tan pronto te aceptan en un Programa de Afiliados y las inversiones iniciales son muy bajas.

Invertir en bienes raíces

No es necesario ser un magnate empedernido para hacer que la inversión inmobiliaria funcione a tu favor. Invierte en propiedades en un área que atraiga el turismo y abre un *bed and breakfast*. Tal vez ya tengas alguna propiedad que ya no planeas usar y que podrías alquilar en lugar de venderla. O tal vez podrías rentar tu casa en Airbnb u otro sitio web similar cuando estés de vacaciones.

• Bed and Breakfast (un desayuno con estadía) Este término de origen anglosajón trata de la oferta detrás de la hospitalidad en una casa privada. Los visitantes que eligen esta propuesta y reservan su estancia disfrutan de servicios esenciales como, por ejemplo, alojamiento y el desayuno, se ofrece una habitación cómoda con la posibilidad de hospedar niños, mascotas, parejas o familias.

Gana dinero alquilando casas o habitaciones

Es posible que tengas una habitación o casa vacía que puedas alquilar, y es que en plataformas como Airbnb puedes alquilar el inmueble por un tiempo determinado a viajeros o estudiantes. De esta sencilla manera puedes darle uso a un bien y obtener dinero fácilmente. Entre las ventajas de este método se encuentran:

1-Obtener un provecho de un bien que está en desuso

2- El rendimiento sirve para solventar todos los gastos de mantenimiento.

3- Ganar dinero de forma mensual sin ningún tipo de esfuerzo.

Negocio de franquicia

La franquicia es una opción atractiva para aquellos que buscan iniciar un negocio con una marca establecida y un modelo de negocio probado, pero es importante investigar cuidadosamente antes de tomar una decisión y asegurarse de que la franquicia sea adecuada para sus objetivos y recursos.

- Una franquicia es un modelo de negocio en el que una empresa (franquiciador) otorga a otra empresa (franquiciado) el derecho a utilizar su marca, productos y servicios.

- El franquiciado paga una tarifa inicial y regalías continuas al franquiciador a cambio de la capacitación, el apoyo y la asistencia en la gestión del negocio.

- Las franquicias pueden ser de diferentes tipos, como de alimentos y bebidas, servicios de limpieza, servicios de cuidado personal, servicios de reparación y mantenimiento, entre otros.

- Las franquicias ofrecen a los emprendedores la oportunidad de iniciar un negocio con una marca reconocida y un modelo de negocio probado.
- Las franquicias tienen una tasa de éxito más alta que los negocios independientes debido a la experiencia y el apoyo del franquiciador.
- Las franquicias tienen un manual de operaciones que detalla los procedimientos y políticas que deben seguirse para mantener la calidad y la consistencia en todas las ubicaciones.
- Las franquicias tienen un territorio exclusivo en el que operar, lo que significa que no habrá competencia directa de otras franquicias de la misma marca en la misma área.
- Las franquicias tienen un sistema de marketing y publicidad centralizado que ayuda a promocionar la marca y atraer a los clientes a todas las ubicaciones.
- Las franquicias tienen un proceso de selección riguroso para los franquiciados, que incluye la revisión de antecedentes, la evaluación financiera y la capacitación.
- Las franquicias tienen un contrato de franquicia que establece los términos y condiciones de la relación entre el franquiciador y el franquiciado,

incluyendo la duración del contrato, las regalías y los derechos de propiedad intelectual.

1-Franquicia de comida rápida

2-Franquicia de moda y accesorios

3-Franquicia de servicios de limpieza

4-Franquicia de servicios de salud y belleza

5-Franquicia de servicios de educación y formación

6-Franquicia de servicios de consultoría y asesoramiento

7-Franquicia de servicios de tecnología y telecomunicaciones

8-Franquicia de servicios de transporte y logística

9-Franquicia de servicios de entretenimiento y ocio

10-Franquicia de servicios de construcción y reformas.

Gana dinero vendiendo fotos en internet

Sácale provecho a tu cámara o a la cámara de tu celular o si te quieres comprar una buena cámara mucho mejor. En lo personal a mi me gusta tomar fotos o videos de cualquier cosa. En cuestión de fotos me gustan mas las fotografías tomadas naturalmente, auténticas, sin poses, fotos casuales. Hay tantos paisajes, momentos inolvidables, trata de retratar vistas hermosas, aves volando que se yo, cosas que se te puedan ocurrir y que tu creas que sería bonito retratar. la demanda de imágenes crece día tras día, y seguramente habrá quienes se interesen por alguna. De hecho, yo he llegado a comprar imágenes para algunos proyectos que realizado en el pasado. Puedes comenzar realmente con una baja inversión. Para venderlas online puedes hacer uso de páginas como, **Shutterstock, Adobe Stock, Dreamtimes, Bigstock photos.** Y esperar a que alguien se interese por ellas, podría ser alguna empresa o agencia que se yo. Realmente esto funciona a largo plazo.

Pon tu dinero en un Certificado de Depósito

Un certificado de depósito, conocido también como CD, es una forma de **inversión de bajo riesgo** en la cual pones tu dinero en una especie de cuenta bancaria durante un tiempo específico para así generar intereses.

Una vez que se cumple el plazo del certificado de depósito, recibirás el total de tu inversión, más los intereses generados durante ese tiempo. En caso de que necesites.

La mejor parte de este tipo de inversiones es **la seguridad que te ofrecen las instituciones** que ponen a tu disposición los certificados de depósito, los cuales suelen ser grandes bancos y otras instituciones financieras como:

- Bank of America
- Wells Fargo

Un punto importante sobre los CD, es que estos están considerados como una **inversión de bajo riesgo**.

Recomendaciones para generar dinero como empresario indocumentado

No existe una ley que diga que los inmigrantes indocumentados no pueden ser dueños de su propio negocio.

Se estima que entre el **8% y 10%** de los inmigrantes indocumentados son dueños de negocios.

Ser inmigrante indocumentado presenta incertidumbres, hay

desafíos para llevar adelante un negocio sabiendo que siempre existe la posibilidad de tener que abandonar el país.

A pesar de no tener ningún estado legal de inmigración o número de seguro social, puedes registrar legalmente tu negocio. En primer lugar, solicita tu **ITIN** al IRS. En segundo lugar, puedes solicitar un número de identificación del empleador (**EIN**). Luego, puedes ir a la oficina local de tu ciudad y solicitar una licencia comercial.

Una vez que tu empresa esté registrada, serás un propietario de negocio legal.

Siempre asegúrate de cumplir con otras leyes de USA que afectan a las pequeñas empresas, como por ejemplo los permisos, códigos de salud, leyes laborales, impuestos, etc.

El riesgo el miedo y la incertidumbre siempre están presentes en el caso de los empresarios indocumentados. Sin embargo, no hay mucho que puedas hacer para controlar los problemas de inmigración que puedan surgir en el futuro. Canaliza tu mente de una forma positiva y enfócate en tu negocio.

Y por otro lado siendo realista has planes y prepárate por si algo inesperado llegara a suceder ahorra dinero invierte en tu país, investiga todas las posibilidades de poder mantener tus ahorros a salvo. Te recomendamos hacer planes para minimizar ese riesgo.

Elige tener valor sobre el miedo. El miedo es un saboteador del éxito. Confía en que encontrarás una manera de hacer que las cosas funcionen, incluso cuando parezca imposible. Toma medidas para proteger tu negocio en las áreas que puedes controlar.

Establecer objetivos financieros claros para ti, tu familia y tu negocio es una excelente manera de tomar medidas para generar ingresos a pesar de la incertidumbre sobre tu situación migratoria.

Economía gig

La economía gig es una forma de trabajo donde las personas desempeñan trabajos temporales o realizan tareas específicas, que cobran de forma independiente sin tener que trabajar para un empleador. Esta economía se basa en la interrelación entre consumidores y productores a través de plataformas digitales. La economía gig a crecido en los últimos años y plantea oportunidades y retos para el mercado laboral.

Lo bueno de la economía gig es que ofrece flexibilidad. A menudo puedes establecer tu propio horario y trabajar tanto o tan poco como desee. Y dado que hay tantos tipos diferentes de trabajos, es fácil encontrar uno que se adapte a tus habilidades e intereses. Por ejemplo, si tienes un automóvil y tiempo libre, convertirse en un conductor de Uber o Lyft puede ser una excelente manera de ganar dinero extra. Otra alternativa es entregar comida en Uber EATS, Postmates o DoorDash.

Negocio para mujer decoración del hogar

La decoración del hogar es una oportunidad para las empresarias creativas con un ojo especial para el detalle. **La decoración del hogar consiste en ayudar a los clientes a crear un hogar cálido y acogedor que refleje su estilo.** Comenzar un negocio de decoración del hogar requiere:
*   conocimiento de los principios de diseño de interiores
*   la capacidad de construir relaciones con clientes, proveedores y contratistas
                              También debes considerar obtener una certificación en diseño de

interiores para aumentar tu credibilidad como profesional. Además, debes desarrollar un portafolio de tu trabajo y crear un sitio web para mostrar tus servicios.

Hostelería

Los negocios de catering y hostelería son perfectos para empresarias creativas apasionadas por la comida. Estos negocios proporcionan alimentos y servicios a los clientes **para eventos como bodas y fiestas.** Para iniciar un negocio de catering, debes tener en cuenta los servicios que piensas prestar, ya sea:

- catering de servicio completo
- catering de entrega inmediata
- catering corporativo

Además, deberás desarrollar relaciones con los proveedores y mantenerte al día de las tendencias del sector.

No se te olvide que estamos hablando de iniciar un negocio desde casa, sería muy difícil que solo con la cocina de tu hogar puedas sustentar la necesidad de alimentos para un gran hospital, empresa o cualquier institución a gran escala. En mi opinión es más conveniente trabajar el catering enfocado en eventos, fiestas y otros tipos de reuniones.

Limpieza

Dependiendo del tamaño del trabajo y del tipo de limpieza solicitada, puedes cobrar distintas tarifas y ganar mucho dinero. Para iniciar tu negocio de limpieza, identifica las áreas en las que planeas especializarte, como servicios residenciales o comerciales. Luego, compra los suministros necesarios. También debes considerar el personal y la comercialización de tu negocio.

Decide si vas a ofrecer tus servicios a hogares o empresas

Cuando empieces tu negocio de limpieza, puedes elegir entre ofrecer tus servicios primordialmente para espacios comerciales o residenciales. Los clientes con los que elijas trabajar determinarán el tipo de equipo que vas a necesitar, cuánto vas a cobrar, y la naturaleza de los servicios de limpieza.

- Espacios comerciales, como los edificios de oficinas, usualmente requieren un tipo de limpieza nocturno o de fin de semana. Lavar los pisos, limpiar los baños, vaciar los botes de basura, limpiar las áreas de la cocina, lavar las puertas y ventanas está incluido usualmente en este tipo de servicio. Este tipo de trabajo es estable y paga bien.
- Los dueños de casa, por lo general, contratan mucamas (criadas, sirvientas) para hacer limpieza general y algunas tareas específicas, dependiendo de las necesidades del cliente. Formar tu negocio hacia los servicios de limpieza residencial significa tener una gran diversidad de clientes, ya que muchos hogares solo necesitan ser aseados una vez a la semana, más o menos.

Estas han sido algunas ideas para poder ganar dinero, especialmente para gente mayor, pero también pueden ser útiles para cualquier persona que quiera emprender un negocio propio. Yo personalmente, vendo artículos en Amazon, eBay, Facebook y Tengo mi propia música en Spotify, Amazon music, YouTube music, Pandora… etc. También cuento con Audiobooks, e-books y libros de tapa blanda.

Acerca del Autor

Abel Muñoz Marquecho se ha dedicado a la música por casi 30 años. Tocando con diferentes grupos musicales primero en México y después en Estados Unidos. Se ha dedicado a componer canciones y ha hecho sus propios arreglos musicales. Su música se puede escuchar en la mayoría de las plataformas musicales. Ha escrito algunas historias para Kindle Vella y Kindle Amazon. Para mas contenido siga los enlaces.

https://a.co/d/5FbP8ei
https://a.co/d/fBhPjzB
https://a.co/d/0W41BPX
https://a.co/d/dDFD6Xq
https://www.amazon.com/author/abel23ag79autor71

Bibliografía

¿Cómo crear un blog? Paso a paso (wix.com)

Fumigaciones para Plagas: ►Consejos y Recomendaciones (phsserkonten.com)

Los 10 mejores negocios para mayores de 50 años (asepyme.com)

Actividades ocasionales que ayudan a ganar dinero (aarp.org)

10 ideas de negocios perfectos para retirados mayores de 50 años | FOTOGALERIAS | GESTIÓN (gestion.pe)

9 ideas de negocios para mayores de 50 años - Emprendedor

4 Sugerencias para emprender un negocio a partir de los 50– Viva Fifty!

Cómo ganar dinero sin trabajar: 15 formas en 2023 (trabajaren.casa)

Cómo ganar dinero | Ideas para hacer dinero rápido en USA (caminofinancial.com)

Cómo ganar dinero por internet después de los 50 (publish0x.com)

¿Qué es una franquicia? Características y ventajas de invertir en una. - Economía planificada (economiaplanificada.com)

"No es sobre las ideas. Si no Sobre hacer que estas se vuelvan Realidad". —Scott Belsky.

"Nunca tengas miedo al fracaso. Ten miedo de no intentarlo". — Roy T.Bennett.